APRENDIENDO SOBRE

Identidad

¿Quién eres?
2

¿Cómo eres?
4

¿Qué te gusta?
6

¿Qué necesitas?
8

¿De qué manera aprendes más fácilmente?
10

¿Cómo enfrentas las dificultades?
12

¿Cómo te sientes en relación con tu apariencia?
14

A final de cuentas, ¿qué es lo que hace atractiva a una persona?
16

Tus padres y tú, ¿se escuchan mutuamente?
18

¿Te sientes valorado y aceptado?
20

¿Qué es lo que te hace único?
22

¿Y ahora qué?
24

Cuestionario
26

Proyectos
29

Tu diario
30

31

SANTILLANA
ESPAÑOL

José Luis Morales

ACERCA DE TI

¿Quién soy? Es una buena pregunta. Es gracioso que los demás creen que me conocen mientras que yo mismo creo que no me conozco, por lo menos, no completamente. Lo que sé es que soy el primogénito de Andrea y Jorge. También sé que mis padres no son perfectos, pero me quieren. Sé lo que mi hermanito y mi hermana menor dicen de mí (no lo puedo repetir aquí). Sé cómo mis maestros piensan que soy (el tímido del rincón). Mis compañeros de escuela creen que saben quién soy (el "nerd"), pero, de hecho, soy todo eso y mucho más. Se dice que cada persona es una mezcla de cosas con las que nace y otras que desarrolla de acuerdo con sus experiencias y el medio en que vive. Se nota claramente que heredé el mal genio de papá, pero ¿de dónde viene mi gusto por todo lo que es de color negro? Vivo en una casa muy colorida, llena de colchas y manteles de retazos hechos por mamá. De hecho, no hay nada en mi rutina que explique mi tendencia a soñar despierto y a entender de tecnología como lo hago. Entonces, ¿quién soy? En lo que respecta a este perfil, soy Martín Hernández. Bienvenidos a mi vida.

▶ ¿Cómo me ven mis hermanos?

▶ ¿Cómo me ven mis compañeros de escuela?

▶ ¿Cómo me ven mis maestros?

▶ ¿Cómo me veo yo?

Lo innato y lo adquirido

¿Quién soy? Muchas teorías dan por cierto que la personalidad de un individuo es la combinación de características heredadas genéticamente al nacer (lo innato) y de otras que son el resultado de la educación que recibimos y las experiencias por las que pasamos mientras crecemos (lo adquirido). Creo que he heredado algunas características de mis papás, pero no sé por qué me gustan o no ciertas cosas. Sea como sea, necesito aprender más sobre mí mismo para averiguarlo.

Estás aquí para descubrirlo.

¿CÓMO ERES?

Desde Grecia y Roma Antiguas el hombre manifestaba su fascinación por la personalidad y especialmente por las características innatas del ser humano. Esos precursores de los científicos modernos: la sangre, la bilis amarilla, la flema y la bilis negra. Creían que tener demasiado o muy poco de alguno de estos fluidos tornaba a la persona más o menos saludable. También se creía que la predominancia de uno u otro influenciaba en la personalidad. Así, se definieron cuatro tipos diferentes de "temperamentos":

Aquellos que tenían un **temperamento colérico**, (del griego *cholé*: "bilis" fluido que ayuda en la digestión) eran personas que se enojaban fácilmente y, en general, de naturaleza agresiva.

Las personas que tenían un **temperamento sanguíneo** (del latín *sanguis*: "sangre") lucían saludables; eran personas normalmente alegres y equilibradas; y tenían muchos amigos y admiradores.

Las personas con **temperamento flemático** eran normalmente lentas, frías y no demostraban mucha emoción. La palabra "flema" se refiere a la mucosidad que se acumula en nuestros pulmones cuando estamos con un resfriado o gripe.

Aquellos con **temperamento melancólico** tendían a ser tristes y pesimistas. La palabra "melancolía" se ha transformado en sinónimo de "tristeza", pero proviene de los términos griegos *melan*: "negro" y *cholé*: "bilis". En el cuerpo humano no se ha encontrado esa tal bilis negra, por lo que no sabemos exactamente a qué se referían los griegos con esa expresión.

Basado en <http://webspace.ship.edu/cgboer/eysenck.html>.
Acceso el 26 en. 2014.

Los cuatro temperamentos han inspirado muchas teorías de la personalidad, incluyendo la del psicólogo alemán Hans Eysenck, ilustrada a continuación.

Basado en <http://tracy-d74.livejournal.com/86221.html>.
Acceso el 16 jul. 2014.

MODELO DE LOS CINCO FACTORES DE LA PERSONALIDAD

El modelo de los cinco factores (MCF) de la personalidad trata de describir la mayor variedad posible de tipos de personalidad usando solamente cinco dimensiones. Por este motivo, el modelo es a menudo llamado "de los cinco grandes". Los psicólogos que usan este modelo intentan analizar la personalidad de alguien decidiendo hasta qué punto la persona es extrovertida, simpática, detallista y emocionalmente estable, y está abierta a experiencias.

Basado en SOTO, Christopher J.; JACKSON, Joshua J. *Five-factor Model of Personality*. Disponible en <www.oxfordbibliographies.com/view/document/obo-9780199828340/obo-9780199828340-0120.xml>. Acceso el 6 feb. 2014.

Fíjate en los cinco campos presentados a continuación. ¿Dónde te ubicarías en la línea correspondiente a cada uno de ellos?

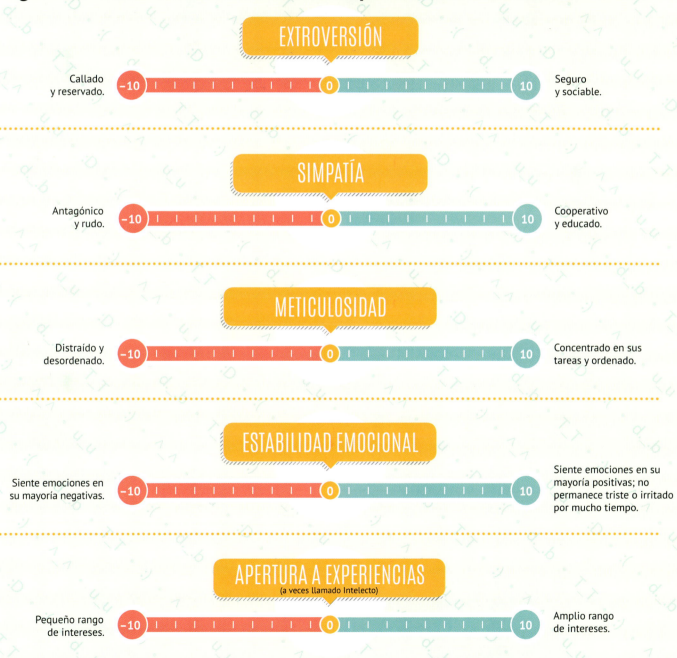

EXTROVERSIÓN
Callado y reservado. −10 — 0 — 10 Seguro y sociable.

SIMPATÍA
Antagónico y rudo. −10 — 0 — 10 Cooperativo y educado.

METICULOSIDAD
Distraído y desordenado. −10 — 0 — 10 Concentrado en sus tareas y ordenado.

ESTABILIDAD EMOCIONAL
Siente emociones en su mayoría negativas. −10 — 0 — 10 Siente emociones en su mayoría positivas; no permanece triste o irritado por mucho tiempo.

APERTURA A EXPERIENCIAS
(a veces llamado Intelecto)
Pequeño rango de intereses. −10 — 0 — 10 Amplio rango de intereses.

Basado en <http://webspace.ship.edu/cgboer/eysenck.html>. Acceso el 26 en. 2014.

ADJETIVOS, SUSTANTIVOS Y VERBOS NO DEBERÍAN DEFINIRTE.

¿Qué te gusta?

DEFINIENDO AL ADOLESCENTE

¿Cómo usas tu teléfono inteligente?

Hoy en día, las cosas cambian tan rápidamente que, apenas nos acostumbramos a una cosa, esta pasa de moda. Sin embargo, en este mundo tan cambiante una sola cosa permanece igual: a la gente le encantan los teléfonos inteligentes y gasta un montón de tiempo usándolos. Una encuesta reciente trató de descubrir para qué los usamos y durante cuánto tiempo al día. Los resultados están a continuación; y no hay grandes sorpresas en relación con nosotros, adolescentes, ¿no es verdad? ¡Chicos, nos encanta apretar, pulsar y deslizar el dedo!

Navegar por Internet **24**

Entrar a las redes sociales **16**

Escuchar música **15**

Jugar a los jueguitos **13**

Llamar a alguien **13**

Mandar mensajes de texto **11**

Mirar y escribir correos electrónicos **9**

Ver la televisión y películas **7**

Leer libros **8**

Sacar fotos **3**

Tiempo que empleamos usando nuestros teléfonos inteligentes en varias actividades
(minutos por día)

Basado en <http://news.o2.co.uk/?press-release=i-cant-talk-dear-im-on-my-phone>. Acceso el 28 jul. 2014.

¿En qué gastan la mayor parte de su dinero los adolescentes en los Estados Unidos?

¿En videojuegos? ¿En entradas para conciertos de música pop o para el cine? Los adolescentes ¿gastan más dinero en aparatos electrónicos o en ropas y calzados? Las empresas quieren saber las respuestas a estas preguntas porque quieren tener los productos apropiados para vendérselos a ese público. Entonces, dependen de expertos en encuestas a consumidores para obtener esas informaciones tan valiosas. Por ejemplo, un equipo en Piper Jaffray, en los Estados Unidos, realiza una encuesta anual entre más de 5000 adolescentes estadounidenses (con edad promedio de 16.3 años) para averiguar qué hacen con su dinero. Una de las más recientes encuestas muestra que ese público joven gasta la mayor parte de su dinero en ropas, zapatos y accesorios. Sí, ahora lo sabes: ¡queremos lucir muy bien!

Basado en <www.piperjaffray.com/2col.aspx?id=287&releaseid=1805593>. Acceso el 7 mzo. 2014.

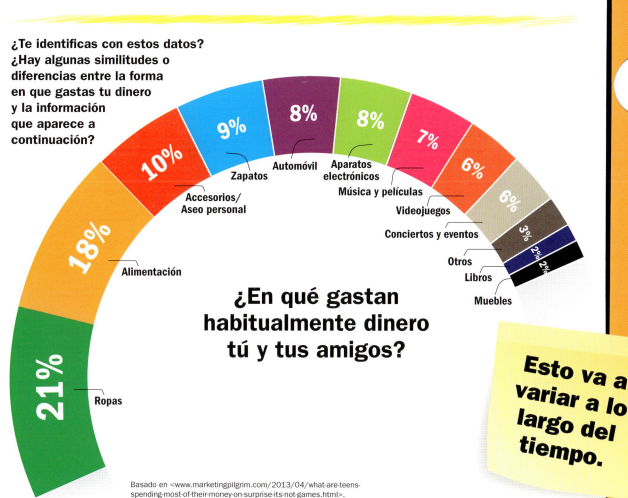

¿Te identificas con estos datos? ¿Hay algunas similitudes o diferencias entre la forma en que gastas tu dinero y la información que aparece a continuación?

¿En qué gastan habitualmente dinero tú y tus amigos?

- 21% Ropas
- 18% Alimentación
- 10% Accesorios/Aseo personal
- 9% Zapatos
- 8% Automóvil
- 8% Aparatos electrónicos
- 7% Música y películas
- 6% Videojuegos
- 6% Conciertos y eventos
- 3% Otros
- 2% Libros
- 2% Muebles

Basado en <www.marketingpilgrim.com/2013/04/what-are-teens-spending-most-of-their-money-on-surprise-its-not-games.html>. Acceso el 28 feb. 2014.

Esto va a variar a lo largo del tiempo.

¿QUÉ NECESITAS?

PIENSA ANTES DE HABLAR

¿Te has dado cuenta de que la gente suele usar adjetivos para referirse a los otros? Simpática, linda, genial, si tienes suerte. Rara, fea, gorda, en mi caso. Luego están los que usan sustantivos para describirte (o destruirte). Se les ocurren frases como "un valor para el grupo" o "el alma de la clase". Eso si has hecho algo que les gustó.

Más a menudo de lo que me gustaría, oigo frases menos alentadoras que me describen como "una decepción" o "una vergüenza". Si la gente tiene algo que decir sobre mí, preferiría que usara verbos. Entonces, diría cosas como "trabaja con empeño" o "trata a todos con respeto". Lamentablemente los verbos también pueden usarse en forma hiriente: "Se viste como un payaso".

¿La gente no piensa antes de hablar? Creo que no. Todos necesitamos sentirnos valorados, respetados y queridos como somos. ¡Vamos, chicos! ¿Qué tal si usan adjetivos, sustantivos y verbos **positivos** para referirse al prójimo?

Karen, 14 años.

DE "IMPOSIBLE ENSEÑARLES" A "IMPOSIBLE DERROTARLOS"

LA HISTORIA DE ERIN GRUWELL Y SUS ALUMNOS

Un grupo racialmente variado de 150 alumnos adolescentes a los que se consideraba que era "imposible enseñarles" y "en situación de riesgo" ha egresado de la secundaria.

La profesora y sus alumnos publicaron su historia en el libro *Diarios de la calle*, que llegó a la lista de los más vendidos del *New York Time*s y luego inspiró la película del mismo nombre, con Hilary Swank en el papel de Erin Gruwell. Esta carismática profesora demostró a sus alumnos que realmente se preocupaba por ellos brindándoles calidez, aceptación y respeto al mismo tiempo que los desafiaba a que se fijaran metas en la vida. Estos chicos provenían de barrios muy violentos en Los Ángeles, donde eran comunes los disparos y las drogas. Al entrar en la secundaria, declararon que no tenían ningún interés de aprender y que odiaban la escuela. Erin les respondió con la propuesta de escribir sus diarios personales.

Los alumnos descubrieron así que eran capaces de escribir y que otras personas se interesaban por lo que ellos tenían que decir.

Recibir consideración positiva les permitió llegar a tener sueños. Con el apoyo de su profesora, estos chicos lograron vencer los obstáculos que les impedían transformar sus sueños en realidad. La consideración positiva es una fórmula imbatible para la realización personal.

Basado en <www.freedomwritersfoundation.org/about.html>. Acceso el 28 feb. 2014.

Ve el tráiler de la película en <www.elmulticine.com/trailers2.php?orden=121>.
Acceso el 28 feb. 2014.

TODO LO QUE NECESITAMOS | CONSIDERACIÓN POSITIVA

El psicólogo humanista Carl Rogers cree que la **consideración positiva** es esencial para el desarrollo saludable de uno mismo y para tener buenas relaciones interpersonales.

La consideración positiva incluye afecto, compasión, calidez, comprensión y respeto por parte de nuestra familia, de nuestros amigos y de las personas que son importantes para nosotros.

Basado en PLOTNIK, Rod; KOUYOUMDJIAN, Haig. *Introduction to Psychology*. Singapur: Cengage Learning, 2013, p. 445-446.

AMOR, ACEPTACIÓN Y RESPETO.

¿DE QUÉ MANERA APRENDES MÁS FÁCILMENTE?

Theresa A. Thorkildsen, una psicóloga estadounidense especializada en educación, cree que los jóvenes tienen tres grandes grupos de necesidades: necesidad de sentir que son buenos en algo (capacidad), necesidad de relacionarse positivamente con su familia, profesores y compañeros (pertenencia a un grupo) y necesidad de tener libertad de elección (autodeterminación). Nuestra familia, nuestra escuela y nuestros compañeros esperan que hagamos las cosas y seamos de determinada manera. No siempre es fácil equilibrar lo que necesitamos con lo que los otros esperan de nosotros.

Capacidad — Pertenencia a un grupo — Autodeterminación

Thorkildsen ha identificado siete posibles actitudes u orientaciones en la escuela.

¿Cuál(es) describe(n) mejor TUS actitudes en la escuela?

Basado en THORKILDSEN, Theresa A. *Motivation and the Struggle to Learn*: Responding to fractured experience. Boston: Allyn and Bacon, 2002, p. 13.

¡A mí me encantan las notas, los premios y los trofeos!

Dime lo que tengo que hacer y daré lo mejor de mí. Eso es todo.

Quiero hacer lo menos posible.

Yo prefiero hacer los trabajos solo.

A mí me encanta hacer los trabajos en equipo.

Me gusta saber que puedo resolver problemas por mí mismo.

Quiero hacer mis trabajos muy bien, hasta el último detalle.

COMPRENDERLO
TE AYUDARÁ A HACER LAS COSAS MEJOR.

¿Cómo enfrentas las dificultades?

"Coraje es resistencia al miedo, dominio del miedo, no ausencia de miedo".

MARK TWAIN [1]

"La mayor gloria en la vida no consiste en no caer, sino en levantarnos cada vez que nos caemos".

NELSON MANDELA [2]

"Lo realmente difícil y verdaderamente sorprendente es dejar de intentar ser perfecto y empezar a ser tú mismo".

ANNA QUINDLEN, ESCRITORA Y PERIODISTA ESTADOUNIDENSE [3]

[1] Extraído de <http://dilo.confrases.com/post/80576155701/el-coraje-es-resistencia-al-miedo-dominio-del>. Acceso el 7 sept. 2014.
[2] Extraído de <http://eldiario.com.uy/2013/12/07/las-frases-de-mandela-que-conmocionaron-el-mundo/>. Acceso el 7 sept. 2014.
[3] Extraído de <http://www.saberalternativo.es/spa/desarrollo_personal.asp?var1=&var2=La%20Vida%20en%20Busca%20de%20la%20Perfecci%F3n&nar1=&nar2=617>. Acceso el 7 sept. 2014.

re-si-lien-cia

1. f. *Psicol.* Capacidad humana de asumir con flexibilidad situaciones límite y sobreponerse a ellas.

Extraído de <http://lema.rae.es/drae/?val=resiliencia>. Acceso el 7 sept. 2014.

Ser resiliente no quiere decir ir por la vida sin sentir estrés o dolor. La gente siente dolor, tristeza y una variedad de otras emociones después de una situación difícil o de una pérdida. El camino hacia la resiliencia pasa por elaborar las emociones y los efectos del estrés y de los hechos dolorosos.

La resiliencia no es algo con lo que se nace o no; es algo que se desarrolla a medida que vamos creciendo y adquiriendo más conocimiento, capacidad de reflexión y control de nuestros impulsos. También proviene de relaciones de apoyo mutuo entre familiares, compañeros y otras personas, así como de creencias culturales y tradiciones que ayudan a las personas a enfrentar los inevitables golpes de la vida.

La resiliencia reside en una variedad de comportamientos, pensamientos y acciones que pueden aprenderse y desarrollarse a lo largo de nuestra vida.

Basado en <www.pbs.org/thisemotionallife/topic/resilience/what-resilience>. Acceso el 28 feb. 2014.

Factores que contribuyen a la resiliencia

- Una relación estrecha con familiares y amigos.
- Una visión positiva de ti mismo y confianza en tu propia fortaleza y habilidades.
- La habilidad de controlar sentimientos e impulsos más fuertes.
- Capacidad de resolver problemas y de saber comunicarte.
- Sentir que tienes control.
- Saber buscar ayuda y recursos.
- Verte a ti mismo como resiliente, más que como víctima.
- Enfrentar el estrés de una manera saludable y evitar estrategias dañinas para superarlo, como el abuso de sustancias.
- Ayudar a los otros.
- Encontrarle a la vida un sentido positivo, a pesar de las dificultades y los eventos traumáticos.

Basado en <www.pbs.org/thisemotionallife/topic/resilience/what-resilience>. Acceso el 28 feb. 2014.

Primero, asegúrate de entender el problema. Después, planea cómo resolverlo por pasos.

¿CÓMO TE SIENTES EN RELACIÓN CON TU APARIENCIA?

OJALÁ MI CUERPO FUERA COMO EL DE LAS CHICAS QUE VEO EN LA TV Y EN LAS REVISTAS.

LA IDEA DE LA CULTURA OCCIDENTAL DE QUE LA MUJER DEBE SER DELGADA RECIBE EL NOMBRE DE **IDEAL DE DELGADEZ**.

LA OBSESIÓN POR ESTE MODELO EJERCE UNA ENORME PRESIÓN SOBRE LA MUJER PARA QUE SE MANTENGA DELGADA Y JOVEN.

"Este ideal enfatiza la delgadez, la juventud y la androginia en lugar del cuerpo normal. Alcanzar el modelo de la mujer flaca que aparece en los medios de comunicación es difícil, si no imposible, para la mayoría de las mujeres".

Basado en HAWKINS, Nicole et al. The impact of exposure thin-ideal media image on women. *Eating Disorders*. 1. ed. v. 12, 2004, p. 35-50.

ME GUSTARÍA SER MÁS FUERTE, PERO ES MUY DIFÍCIL ESTAR EN FORMA.

🔍 **Estadísticas publicadas en <www.betterhealth.vic.gov.au> revelan que** aproximadamente el 17% de los hombres hacen dieta en algún momento de su vida; una de cada diez personas con anorexia es hombre; el 4% de los hombres se provocan vómitos después de comer; el 3% comen compulsivamente; y se estima que el 3% de los adolescentes varones usan drogas para aumentar la masa muscular (incluyendo esteroides) para alcanzar el cuerpo "ideal".

👍 💬

→ Basado en <www.psychology.org.au/publications/inpsych/body_image>. Acceso el 4 feb. 2014.

"Desde la década pasada, hemos presenciado el aumento más rápido en los porcentajes de desórdenes alimentarios en adolescentes de sexo masculino", afirma Sari Fine Shepphird, una psicóloga y especialista en desórdenes de alimentarios que reside en Calabasas, California, EE.UU.

"Siempre habíamos tenido revistas de moda que representaban un ideal de peso corporal para las mujeres, pero había muy pocas revistas que apelaban a un ideal de cuerpo masculino", explica Shepphird. "Ahora hay más de veinte que representan esa idea".

"Anuncios, modelos y actores refuerzan la importancia de los músculos para la masculinidad", según la psicóloga.

"Probablemente los hombres que asocien masculinidad con músculos grandes son más propensos a involucrarse en comportamientos no saludables, como hacer ejercicios excesivamente o tomar suplementos que hagan mal a la salud para disminuir la grasa del cuerpo", agrega.

👍 💬

→ Basado en <www.usatoday.com/story/news/health/2013/11/12/eating-disorders-men-increases/3509399/>. Acceso el 4 feb. 2014.

BUENO, PERO ERES MUCHO MÁS QUE TU APARIENCIA.

A FINAL DE CUENTAS, ¿QUÉ ES LO QUE HACE ATRACTIVA A UNA PERSONA?

LA HISTORIA DE CÓMO SER "DELGADO(A)" SE TORNÓ SINÓNIMO DE SER "HERMOSO(A)".

A lo largo de la historia y en las diferentes culturas, los ideales de belleza han variado según lo que en cada época se consideraba agradable estéticamente. Con frecuencia se ha empezado a utilizar el cuerpo de una persona como medida de lo atractivo.

Miranda Kerr

La tendencia a ser delgada sigue hasta el presente.

Años 2000

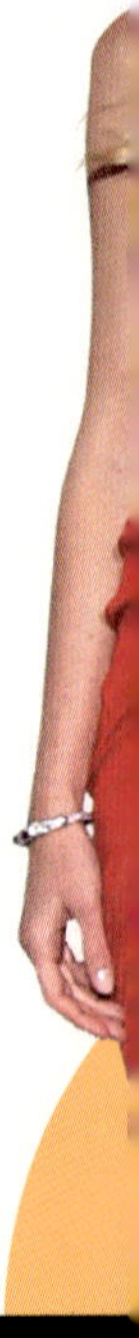

Las mujeres con curvas eran consideradas hermosas. Se asociaba la delgadez a enfermedad y pobreza.

Hasta mediados del siglo XIX

Basado en RAMÍREZ, Ximena A. *Thin Is In*: An Analysis of Media Endorsed Ideals of Physical Attractiveness and Their Effects on College-Aged Women. Boston College, mayo 2007.

Las muñecas Barbie fueron lanzadas por Mattel en 1959. Barbie representa muchachas jóvenes con un cuerpo "ideal" imposible de alcanzar.

Muñeca Barbie

Después de la guerra, los estadounidenses prefirieron una silueta femenina más llena y curvilínea. Marilyn Monroe marcó el patrón de belleza de este nuevo "*look* curvilíneo".

Marilyn Monroe

Décadas de **1960 y 1970**

Décadas de **1950 y 1960**

Décadas de **1940 y 1950**

Durante la Gran Depresión en los Estados Unidos y el estallido de la Segunda Guerra Mundial se consideraba ideal una silueta más curvilínea.

Décadas de **1930 y 1940**

17

¿Te sientes valorado y aceptado?

¿Qué es el *bullying*?
Bullying se refiere al comportamiento por parte de un individuo o de un grupo de hacer daño repetidamente a otra persona, ya sea físicamente (por ejemplo, golpeándola o empujándola), verbalmente (por ejemplo, burlándose de ella o insultándola) o socialmente (por ejemplo, excluyéndola o difundiendo rumores que la hieran). […]

Formas más comunes de *bullying*
[…] De acuerdo con el Departamento de Justicia de los EE. UU., comportamientos que pueden considerarse *bullying* incluyen: golpear, hacer zancadillas, intimidar, difundir rumores, aislar, pedir dinero, dañar las pertenencias, robar cosas a las que atribuimos valor, destruir el trabajo del otro y poner apodos humillantes. Los *bullies* logran infiltrarse más en la vida de sus víctimas principalmente por medio del *ciber-bullying*. Los científicos lo definen como "el daño infligido a alguien a propósito y de manera repetida por medio de computadores, teléfonos celulares y otros aparatos electrónicos". […]

Basado en <www.thebullyproject.com/tools_and_resources>. Acceso el 7 mzo. 2014.

Diez maneras de reducir el *bullying* en tu comunidad

1 Ayuda a los que sufren *bullying*. Hazles saber lo que piensas sobre lo que sienten. Ponte a su lado. Tranquilízalos. Ayúdalos a hablar con un adulto sobre lo que les sucede.

2 Impide que circulen mensajes o rumores falsos o denigrantes. Este comportamiento no es agradable ni gracioso.

3 Involucra a tus amigos. Hazles saber que todos merecen respeto. Anímalos a también oponerse al *bullying*.

4 Busca a personas que parezcan sentirse incómodas en la escuela y pregúntales qué les pasa o llévalas a hablar con un adulto que las pueda ayudar.

5 Si en tu escuela no hay una política contra el *bullying*, pregúntales a los profesores o al personal de administración como puedes hacer para impedirlo.

6 Ayuda a los alumnos nuevos a integrarse. Preséntaselos a tus amigos y hazlos sentirse cómodos.

7 No seas un espectador, un mero observador. Si ves a algunos amigos riéndose con quien practica *bullying*, diles que también están equivocados y que su actitud equivale a participar del *bullying*.

8 Respeta las diferencias y ayuda a que los demás también lo hagan. Es genial que haya personas diferentes. Eso es lo que nos hace a todos únicos. Ayuda a promover la tolerancia en tu escuela.

9 Con ayuda de los maestros y la dirección, tú y tus compañeros pueden desarrollar un proyecto o programa para ayudar a reducir el *bullying* en tu escuela.

10 Aprende e instruye a tu comunidad sobre el *bullying*. Comprender este tema te ayudará, si sufres *bullying*, a enfrentar a quienes lo practican. Lee, ve películas, busca información en sitios web especializados.

Basado en *BullyBust*, disponible en <www.schoolclimate.org/bullybust/>, y en *10 Ways to be an upstander*, disponible en <http://d3n8a8pro7vhmx.cloudfront.net/themes/51e1be8f9670a42080000002/attachments/original/1377636679/10WaystoBeanUpstander_copy.pdf?1377636679> (acceso a ambos el 25 sept. 2014).

Historias de la vida real

Post escrito por Jenna el 10 de febrero de 2014.

[...] Mi madre, mi padre y mi hermano son personas fantásticas, pero el barrio donde crecí no era tan agradable. Desde el principio fue difícil adaptarse. [...]

Sin embargo, quisiera que las personas que sufren bullying supieran que hay gente que las quiere, que piensa en ustedes y para quienes ustedes son importantes. Sé que es un cliché, pero desearía que alguien, sea un amigo o un extraño, me hubiera dicho estas palabras cuando luchaba para superar el bullying de niña. Sitios web y organizaciones como esta son un buen comienzo. Pero, por favor, las personas que ven a alguien sufrir bullying deben buscar una manera de ayudar sin exponerse a ser también heridas. Entre todos podemos lograr un cambio. Este sitio web me lo ha mostrado.

Sinceramente y con mis mejores deseos,
Una soñadora en dificultades, pero optimista.

Traducido y adaptado de <www.thebullyproject.com/jennidot1/the_consequences_of_bullying>. Acceso el 28 feb. 2014.

Post escrito por Kleran Hayes el 9 de febrero de 2014.

"Muchos de mis amigos sentían vergüenza de estar conmigo".

[...] A partir de ahí empeoró; me quitaban la silla cuando me iba a sentar, me amenazaban, me pegaban, recibía mensajes y llamadas hirientes. Muchos de mis amigos sentían vergüenza de estar conmigo. Había días buenos y otros no tanto. Había días en los que los chicos me encerraban en el vestuario y me rociaban la cara con desodorante (en esa época yo también tenía asma). [...]

Traducido y adaptado de <www.thebullyproject.com/killerfishy/b_o_boy_no_more>. Acceso el 28 feb. 2014.

Celebridades que sufrieron *bullying*

Chris Colfer El bullying era tal que Colfer recibió educación en su hogar la mayor parte de la secundaria. "Yo era muy menudo, pasé la mayor parte del tiempo metido en armarios. Doy gracias a los teléfonos celulares; si no, todavía estaría metido ahí". Colfer dice que no era honesto consigo mismo en la secundaria porque el constante bullying lo convenció de que "no podía caer más bajo que ser gay". [...]

Traducido y adaptado de <http://popwatch.ew.com/2011/10/03/chris-colfer-glee-new-yorker-festival/>. Acceso el 28 feb. 2014.

Jessica Alba "Sufrí mucho bullying en el colegio. Mi padre tenía que ir conmigo hasta el interior de la escuela para evitar que me atacaran. Solía comer mi almuerzo en la enfermería para no tener que sentarme con las otras chicas. [...] Además de ser una mezcla de razas, mis padres no tenían dinero y, por lo tanto, nunca tuve ropa linda o la mochila de moda. [...] ¡Me duele tanto que cualquier persona sufra bullying! Yo ya pasé por eso. Sé cuánto duele y cómo te afecta".

Traducido y adaptado de <www.dailymail.co.uk/home/moslive/article-489884/Jessica-Alba-Id-definitely-shy-nerdy-type-guy.html>. Acceso el 28 feb. 2014.

"Creo que cada ser humano de este planeta viene con el divino derecho inherente de ser él mismo o ella misma".

Oprah Winfrey

Discurso dado durante el lanzamiento de la fundación de Lady Gaga "Nacidos de esta forma", dada en la Universidad de Harvard el 29 de febrero de 2014.

¿QUÉ ES LO QUE TE HACE ÚNICO?

Diez cosas que te hacen único

No hay nadie igual a ti. Con tus luces y sombras, para bien o para mal, pasas por la vida de una manera especial y única. Conocer las características que te hacen ser **TÚ** mismo puede ayudarte a comprender cómo eliges vivir tu vida. He aquí una lista de diez de esas características.

10
Tus creencias y cultura
¿Qué piensas sobre los misterios de la vida y del universo? Lo que piensas sobre la espiritualidad te hace especial. ¿Cuál es tu cultura? ¿De qué manera se manifiesta la espiritualidad en tu cultura? ¿Sigues esas tradiciones?

9
Tus aspiraciones y objetivos
Todos los días los seres humanos nos fijamos objetivos, cosas grandes o pequeñas que queremos alcanzar. Puede ser que los alcancemos o no, pero son parte de lo que nos hace ser nosotros mismos. ¿Qué quieres lograr esta semana, este mes, este año o dentro de algunos años?

8
Tus relaciones
A todos se nos conoce por la manera en que nos comportamos con los otros. Eso nos hace especiales, queridos u odiados. ¿De qué forma eliges relacionarte con tu familia, tus amigos y tus profesores?

Efectos del *bullying* sobre las víctimas

Los estudiantes que son víctimas de *bullying* son más propensos a sufrir depresión, ansiedad, dificultad para dormir y problemas de integración en la escuela. Son dos veces más propensos a tener problemas de salud como dolores de cabeza y de estómago.

Efectos sobre los que practican *bullying*

Los estudiantes que practican *bullying* son más propensos a usar drogas, a tener problemas de rendimiento académico y a involucrarse en actos violentos más tarde, en la adolescencia o en la edad adulta. Los estudiantes que sufren y los que practican el *bullying* son los que sufren las más serias consecuencias y pueden llegar a tener trastornos tanto de salud mental como de comportamiento.

Basado en <www.thebullyproject.com/tools_and_resources>. Acceso el 7 mzo. 2014.

Tanto los que sufren *bullying* como los que lo practican necesitan consejo y apoyo, pero debe quedar claro que practicar *bullying* es incorrecto y que quienes lo practican deben sufrir las consecuencias por hacerlo.

1
Tu "marca registrada"
¿Eres gracioso, callado, entretenido, entusiasta, curioso, dulce, aventurero o calmo? ¿Qué es lo primero que les viene a la cabeza a los demás cuando piensan en ti? Esa es tu "marca registrada", que te hace especial, te hace ser **TÚ**.

2
Tus experiencias pasadas
Todos hemos tenido buenas y malas experiencias en el pasado. Estas experiencias y lo que aprendemos de ellas moldean nuestro carácter y nos hacen diferentes de los demás.

3
La ética y los valores morales con los que fuiste educado
Cada decisión que tomes en la vida será guiada por la ética y los valores morales que aprendiste en tu hogar, en la escuela, en tus relaciones sociales, en tu medio y en tu cultura. La manera por la qual interpretas las normas sociales quedará en evidencia en todas las cosas que hagas.

4
Tu actitud
Tu actitud puede llevarte al éxito o al fracaso. La gente te recordará siempre por tu actitud frente a los demás y a la vida. ¿Tienes una actitud mayormente positiva o negativa?

5
Tu apariencia dice mucho sobre ti
Tu cabello, tu estilo, tus accesorios, tu maquillaje y tu confianza en ti mismo. Tu apariencia juega un papel importante en la construcción de tu individualidad. Se trata de la forma como te presentas ante el mundo.

6
Tu manera de comunicarte
¿Cómo te comunicas con las personas a tu alrededor? Tu forma de hablar, tu lenguaje, tus expresiones faciales, tus textos, lo que escribes y tus gestos son una parte importante de tu personalidad.

7
Tus hábitos y *hobbies*
¿Eres un genio de las computadoras o un ratón de biblioteca? ¿Sigues la moda o no? ¿Eres un atleta o un artista? Lo que haces todos los días y tus intereses te hacen ser la persona que eres.

TÚ ERES TÚ Y NADIE MÁS.

Basado en <http://listdose.com/10-things-that-make-you-unique>. Acceso el 17 feb. 2014.

¿Y AHORA *qué*?

La mayor aventura está por venir.
Hoy y mañana aún están por definir.
Chances y cambios te toca construir.
Rompe el molde de tu vida y ¡a vivir!

J.R.R. Tolkien, *The Hobbit*

Traducción de la canción "The Greatest Adventure", de Jules Bass, de la película *The Hobbit*, de J.R.R. Tolkien.

Extraído y traducido de <www.jjjwebdevelopment.com/306sites/hobbitsong/hobbitsong.shtml>. Acceso el 25 sept. 2014.

EL PRESENTE ES EL ALIMENTO DEL FUTURO.

Edward Counsel, *Maxims*

Maxims: Political, Philosophical, and Moral. Montana: Kessinger Publishing, LLC, 2007. Extraído de <http://frases-citas.euroresidentes.com/2012/01/frases-de-presente.html>. Acceso el 25 sept. 2014.

EL ÉXITO NO ES PERMANENTE y EL FRACASO NO ES FATAL.

MIKE DITKA

Extraído y traducido de <www.quotations-page.com/quote/31660.html/>. Acceso el 25 sept. 2014.

LA MEJOR MANERA de predecir tu futuro ES CREARLO.

ABRAHAM LINCOLN

Extraído y traducido de <www.goodreads.com/quotes/328848-the-best-way-to-predict-your-future-is-to-create>. Acceso el 25 sept. 2014.

Difícil verlo. SIEMPRE EN MOVIMIENTO ESTÁ EL FUTURO.

YODA, STAR WARS

EPISODIO V: "EL IMPERIO CONTRAATACA"

Extraído y traducido de <www.destinationhollywood.com/movies/starwars/moviequotes_yoda.shtml>. Acceso el 25 sept. 2014.

El éxito es que te guste **quién eres**, que te guste **lo que haces** y que te guste **cómo lo haces**.

MAYA ANGELOU

Extraído y traducido de <https://fbcdn-sphotos-f-a.akamaihd.net/hphotos-ak-frc3/t1/307910_10151423678764171_117971221_n.jpg>. Acceso el 25 sept. 2014.

No ames lo que eres, sino lo que puedes llegar a ser.

Miguel de Cervantes

Extraído de <www.proverbia.net/citasautor.asp?autor=188&page=6>. Acceso el 25 sept. 2014.

No hay un camino recto hacia el futuro, sino que damos vuelta o pasamos por encima de los obstáculos.

D. H. Lawrence

Extraído y traducido de <http://classiclit.about.com/od/ladychatterleyslover/a/Lady-Chatterleys-Lover-Quotes.htm>. Acceso el 25 sept. 2014.

SIGUE APRENDIENDO. SIGUE SOÑANDO. ¡SIGUE ADELANTE! *¡nunca desistas!*

CUESTIONARIO

◆ **PÁGINAS 2 A 5**

MARCA (✓) LA RESPUESTA CORRECTA.

1. Jorge y Andrea son:
   - a ☐ los hermanos de Martín.
   - b ☐ los padres de Martín.

2. ¿Cuántos hermanos menciona Martín en su perfil?
   - a ☐ Dos.
   - b ☐ Tres.

3. A Martín realmente le gusta(n):
   - a ☐ la tecnología.
   - b ☐ las colchas de retazos.

4. ¿A quién le gusta vestirse de negro?
   - a ☐ A la mamá de Martín.
   - b ☐ A Martín.

5. ¿Quiénes tienen mal genio de vez en cuando?
   - a ☐ Martín y su mamá.
   - b ☐ Martín y su papá.

6. "Lo adquirido" se refiere a:
   - a ☐ la parte de nuestra personalidad con la que nacemos.
   - b ☐ la parte de nuestra personalidad que desarrollamos mientras crecemos.

7. Las personas que tienen temperamento sanguíneo son:
   - a ☐ de aspecto saludable, habitualmente alegres y equilibradas.
   - b ☐ irritables y agresivas.

8. Si estás abierto a nuevas experiencias, eso significa que:
   - a ☐ no estás interesado en conocer cosas nuevas.
   - b ☐ tienes un amplio rango de intereses.

◆ **PÁGINAS 6 A 9**

MARCA (✓) LA RESPUESTA CORRECTA.

1. Es difícil responder a la pregunta "¿Qué es lo que les gusta a los adolescentes?" porque:
   - a ☐ a los adolescentes les gusta siempre lo mismo.
   - b ☐ los adolescentes cambian rápidamente sus gustos.

2. ¿En qué gasta la mayor parte del tiempo la gente cuando usa teléfonos inteligentes?
   - a ☐ En navegar por Internet.
   - b ☐ En entrar a las redes sociales.

3. ¿Cuántos minutos gasta la gente jugando a los jueguitos en sus teléfonos inteligentes?
   - a ☐ Quince minutos.
   - b ☐ Trece minutos.

4. De acuerdo con el texto de la página 7, ¿en qué ítem gastan la mayor parte de su dinero los adolescentes?
   - a ☐ En aparatos electrónicos.
   - b ☐ En ropas.

5. La encuesta realizada por un equipo en Piper Jaffray se lleva a cabo con:
   - a ☐ más de 5000 adolescentes estadounidenses.
   - b ☐ menos de 5000 adolescentes estadounidenses.

6. ¿Qué porcentaje de su dinero gastan los adolescentes estadounidenses en música y películas?
   - a ☐ El 6%.
   - b ☐ El 7%.

7. ¿Por qué se consideraba que a los adolescentes retratados en la película *Diarios de la calle* era "imposible enseñarles" y que estaban "en situación de riesgo"?
   - a ☐ Porque recibían consideración positiva.
   - b ☐ Porque provenían de barrios violentos.
   - c ☐ Porque tenían muchos sueños.

8. ¿Qué hizo Erin Gruwell para motivar a sus alumnos?
   - a ☐ Les dijo que no tenía interés en enseñar.
   - b ☐ Les propuso hacer una película y escribir un libro.
   - c ☐ Les mostró a sus alumnos que se preocupaba por ellos brindándoles calidez, aceptación y respeto.

TAREA

Haz una encuesta en tu clase para averiguar de qué forma tus compañeros usan sus teléfonos inteligentes. Crea las preguntas adecuadas a lo que necesitas saber. Entonces, recolecta las informaciones y presenta los resultados en un gráfico de barras (horizontales o verticales). Elabora una presentación con diapositivas para compartir tus resultados con el grupo.

◆ **PÁGINAS 10 A 17**

ORDENA LAS LETRAS PARA FORMAR LAS PALABRAS QUE DESIGNAN LOS TRES PRINCIPALES GRUPOS DE NECESIDADES DE LOS JÓVENES.

1. ☐☐☐☐☐☐☐☐☐
   P A C A D A C I D

2. ☐☐☐☐☐☐☐☐☐☐☐☐☐☐☐☐☐
   A N T E R D E M I A U T O C I Ó N

3. ☐☐☐☐☐☐☐☐☐☐☐ ☐ ☐☐☐☐☐
   C I A T E P E R N E N   A   N U G P O R U

HAZ UN CÍRCULO ALREDEDOR DE LA RESPUESTA CORRECTA.

1 La resiliencia es:
  a la habilidad de desistir cuando se siente que algo es difícil.
  b la habilidad de desistir antes de esforzarse más.
  c la habilidad de tornarse más fuerte, positivo o capaz después de algún acontecimiento negativo.

2 De acuerdo con la estadística divulgada en el sitio australiano citado:
  a aproximadamente el 17% de los hombres hace dieta en algún momento.
  b el 30% de los adolescentes de sexo masculino toma drogas para desarrollar los músculos.
  c una de cada cinco personas con anorexia es del sexo masculino.

3 ¿Cuándo fue lanzada la primera muñeca Barbie?
  a En 1960. **b** En 1917. **c** En 1959.

4 ¿Quién era Twiggy?
  a Era una famosa diseñadora de moda.
  b Era una famosa modelo delgada de la década de 1960.
  c Era una famosa modelo que falleció joven.

CUESTIONARIO GENERAL

TAREA
¿Alguna vez sufriste o presenciaste algún tipo de *bullying* en tu escuela? Describe brevemente lo que ocurrió en una de esas oportunidades, cómo te sentiste y qué hiciste. Graba tu relato en <http://vocaroo.com> (acceso el 25 sept. 2014) y compártelo con tu profesor u otro adulto en quien confíes. Pídeles que mantengan la confidencialidad.

COMPLETA LAS FRASES A CONTINUACIÓN CON SEIS DE LAS PALABRAS DEL RECUADRO.

> **INVENCIBLE**
> *ANOREXIA*
> *ESTRÉS*
> **TENDENCIA**
> **PRIORIZAR**
> ACTITUD
> **COLÉRICO**

1 Si te irritas fácilmente y pierdes la paciencia, tu temperamento es _____.

2 Alguien que confronta siempre a los otros y pelea mucho tiene una _____ inapropiada.

3 Paula está bajo mucho _____ porque las pruebas de mitad de año están llegando.

4 _____ significa organizar las actividades conforme a su importancia.

5 _____ es un desorden alimentario que consiste en dejar de comer.

6 La _____ a ser delgado comenzó hace muchos años.

CUESTIONARIO GENERAL

ENCUENTRA LAS PALABRAS QUE RESPONDEN A LAS PREGUNTAS A CONTINUACIÓN Y DESCIFRA EL CÓDIGO.

1 ¿Qué es lo que todos necesitan, según el psicólogo Carl Rogers?

1	2	3	4	5	6	7	8	9	1	5	2	3	*	10	2	4	5	11	5	12	9

2 ¿Qué expresión usa Paula al hablar con sus padres para referirse a los exámenes que se aproximan?

10	8	13	7	14	9	4	*	6	7	*	15	5	11	9	6	*	6	7	*	9	16	2

3 ¿Qué nombre se da al acto de dañar a alguien física, verbal o socialmente una y otra vez?

14	13	17	17	18	5	3	19

4 ¿Qué palabra completa la siguiente frase? No seas un mero...

2	14	4	7	8	12	9	6	2	8

5 ¿Qué expresión utiliza la madre de Paula para demostrarle que confía en ella?

11	13	*	7	8	7	4	*	1	9	10	9	20	*	6	7	21	9	1	7	8	17	2

6 ¿Cómo se llama la habilidad de los seres humanos de recuperarse después de una situación traumática?

8	7	4	5	17	5	7	3	1	5	9

7 ¿Con qué frase terminan los versos de Tolkien?

¡| 9 | * | 12 | 5 | 12 | 5 | 8 |!

COMPLETA EL DIAGRAMA CON LAS LETRAS QUE CORRESPONDEN SEGÚN LOS NÚMEROS DE LA ACTIVIDAD ANTERIOR Y **DESCUBRE LA FRASE CÉLEBRE**.

| 3 | 2 | | 5 | 15 | 10 | 2 | 8 | 11 | 9 | | 1 | 13 | 9 | 3 | | 6 | 7 | 4 | 10 | 9 | 1 | 5 | 2 |

| 12 | 9 | 18 | 9 | 4 | | 4 | 5 | 7 | 15 | 10 | 8 | 7 | | Q | 13 | 7 | | 3 | 2 | | 11 | 7 |

| 6 | 7 | 11 | 7 | 3 | 19 | 9 | 4 |

Confucio.

Extraído y traducido de <www.brainyquote.com/quotes/quotes/c/confucius140908.html>. Acceso el 25 sept. 2014.

PROYECTOS

VAS A ENTRAR A UNA NUEVA RED SOCIAL

Graba una película de dos minutos para subirla a tu perfil en esa red social. En las escenas usa un texto y fotos o imágenes en las que no aparezcan personas, sino simplemente símbolos que representen tu personalidad y algunos momentos importantes de tu vida desde tu nacimiento hasta hoy. Escoge una música de fondo.

→ Soy…
→ Nací el…
→ En la escuela…
→ Una súper fiesta de cumpleaños.
→ Un momento divertido con mi familia.
→ Un momento divertido con mis amigos.
→ Mis aventuras en…
→ Mi(s) pasión(ones) es(son)…
→ El momento que vivo en la escuela.
→ ¿Y ahora qué?

ENCUENTRA EN INTERNET UN TEST POPULAR DE PERSONALIDAD

Haz el test y después intercámbialo con el de un compañero. Comparte los resultados con otro compañero y con tu profesor. ¿Están todos de acuerdo?

ENCUENTRA EN INTERNET UN TEST POPULAR DE RESILENCIA EMOCIONAL

Haz el test y después intercámbialo con el de un compañero. Comparte los resultados con otro compañero y con tu profesor. ¿Están todos de acuerdo?

TE HAS INSCRIPTO EN UN CURSO

Como parte del proceso de inscripción, te piden que grabes un video en el que tú y quienes te conocen expliquen cuál es tu "marca registrada". Lo puedes hacer con tu teléfono inteligente.

ERES EL PRESIDENTE DE UNA CLASE DE ALUMNOS QUE SE GRADÚAN ESTE AÑO

Quieres lanzar una campaña de concientización contra el *bullying* en tu escuela. Elabora una lista de actividades a realizar a lo largo del año.

ERES UN PERIODISTA

Describe en un post en tu *blog* los resultados de la encuesta realizada entre tus compañeros de clase sobre el uso de los téfonos inteligentes así como tus predicciones sobre su uso en el futuro.

ERES TÚ MISMO

Escribe tu perfil en una red social tomando como modelo el que hace Martín Hernández en las páginas 2 y 3.

ERES TU PROPIO PADRE O MADRE

Escribe el correo electrónico que imaginas que tus padres te mandarían si tuvieras algún problema. Puedes basarte en la historieta de las páginas 18 y 19.

ERES UN ADOLESCENTE PROBLEMÁTICO

Escribe un diálogo que tendrías con tus padres para que entendieran que necesitas ayuda. Puedes basarte en la historieta de las páginas 18 y 19.

TU DIARIO.
TUS PENSAMIENTOS E IDEAS.

- ¿QUIÉN ERES?

- ¿CÓMO ERES?

- ¿QUÉ TE GUSTA?

- ¿QUÉ NECESITAS?

- ¿DE QUÉ MANERA APRENDES MÁS FÁCILMENTE?

- ¿CÓMO ENFRENTAS LAS DIFICULTADES?

- ¿CÓMO TE SIENTES EN RELACIÓN CON TU APARIENCIA?

- A FINAL DE CUENTAS, ¿QUÉ ES LO QUE HACE ATRACTIVA A UNA PERSONA?

- TUS PADRES Y TÚ, ¿SE ESCUCHAN MUTUAMENTE?

- ¿TE SIENTES VALORADO Y ACEPTADO?

- ¿QUÉ ES LO QUE TE HACE ÚNICO?

- ¿Y AHORA QUÉ?

GLOSARIO

A
acerca de sobre, referente a

C
calidez tratamiento acogedor, cariñoso
cliché lugar común, expresión trivial repetida
concierto espectáculo, recital
considerado que actúa reflexivamente; respetuoso con los demás

D
despierto en estado de vigilia

E
encuesta investigación sobre la opinión de muchas personas acerca de un tema
enojarse sentir ira, furia

G
gracioso que causa risa

H
hiriente que hiere, causa dolor físico o emocional

I
involucrarse comprometerse, participar, implicarse

L
lograr conseguir con esfuerzo

M
mal genio mal humor, mal carácter
mantel tejido que cubre la mesa de comedor
menudo de complexión física pequeña

P
película filme
periodista profesional que trabaja en la investigación y redacción de noticias
pulsar hacer clic

Q
quisquilloso que se ofende fácilmente

R
rango categoría, nivel, clase
retazo pedazo pequeño sobrante de tejido
riesgo situación de peligro
rincón lugar donde se unen dos paredes

S
silla asiento con respaldo para una sola persona
situación límite situación en que se cuestionan principios esenciales de una persona o un grupo y en la que se hace necesario un cambio o una decisión

Z
zancadilla acción de poner el pie al paso de alguien para hacerlo caer

Dirección: Sandra Possas
Edición ejecutiva de español: Roberta Amendola
Gerencia de producción: Christiane Borin
Edición ejecutiva de contenidos digitales: Adriana Pedro de Almeida
Coordinación de arte: Raquel Buim
Edición: Fernanda Baião, Ludmila De Nardi, María Alicia Manzone Rossi, Roberta Amendola
Traducción: Ianina Zubowicz
Revisión lingüística: María Alicia Manzone Rossi
Revisión: Perfekta Soluções Editoriais
Proyecto gráfico: Hulda Melo
Edición de arte: Hulda Melo
Cubierta: Raquel Buim, en ilustración de Tsha/Shutterstock
Diseños especiales: Amanda Miyuki de Sá, Carol Cavaleiro, Iansã Negrão, Ilustre BOB, Inara Negrão, Ivan Luiz, Olavo Costa
Captura de fotos: Yan Imagens
Tratamiento de imágenes: Arleth Rodrigues, Bureau São Paulo, Marina M. Buzzinaro, Resolução Arte e Imagem
Preimpresión: Alexandre Petreca, Everton L. de Oliveira Silva, Fabio N. Precendo, Hélio P. de Souza Filho, Marcio H. Kamoto, Rubens M. Rodrigues, Vitória Sousa
Impresión: Log&Print Gráfica e Logística S.A.
Lote: 768440
Código: 12095222

Crédito de las imágenes

p. 2: Thinkstock/Getty Images; p. 3: Thinkstock/Getty Images, NinaMalyna/Shutterstock, Thinkstock/Getty Images, Thinkstock/Getty Images; p. 6: Thinkstock/Getty Images; p. 9: Reprodução; p. 12: FPG/Equipa/Archive Photos/Getty Images, Thinkstock/Getty Images, Bobby Bank/WireImage/Getty Images; p. 14: Reprodução, Edyta Pawlowska/Shutterstock; p. 15: Reprodução; p. 16: Thinkstock/Getty Images, Featureflash/Shutterstock, Franz Xavier Winterhalter/The Bridgeman Art Library/Getty Images, Victorian Traditions/Shutterstock; p. 17: UPPA/Diomedia, Express Newspapers/Freelancer/Hulton Archive/Getty Images, Barry Lewis/Latinstock, DIOMEDIA/Photononstop/SCREEN, Latinstock/GraphicaArtis/Corbis, H. Armstrong Roberts/Retrofile/Getty Images, The Beauty Redefined Foundation, The Beauty Redefined Foundation, The Beauty Redefined Foundation; p. 21: Featureflash/Shutterstock, Thinkstock/Getty Images.

Todos los sitios mencionados en esta obra se han reproducido apenas para fines didácticos. Santillana Español no tiene control sobre su contenido, que se verificó con atención antes de su utilización.

Aunque se hayan tomado todas las medidas para identificar y contactar a los titulares de los derechos de los materiales reproducidos en esta obra, no siempre ha sido posible. La editorial se dispone a rectificar cualquier error de esta naturaleza siempre y cuando se lo notifiquen.

Embora todas as medidas tenham sido tomadas para identificar e contatar os titulares de direitos autorais sobre os materiais reproduzidos nesta obra, isso nem sempre foi possível. A editora estará pronta a retificar quaisquer erros dessa natureza assim que notificada.

Dados Internacionais de Catalogação na Publicação (CIP)
(Câmara Brasileira do Livro, SP, Brasil)

Morales, José Luis
    Aprendiendo sobre identidad / José Luis Morales. —
São Paulo: Moderna, 2014.
(Aprendiendo sobre)

    1. Espanhol — Estudo e ensino I. Título.
II. Série.

14-10365   CDD-460.7

Índice para catálogo sistemático:
1. Espanhol: Estudo e ensino 460.7

ISBN 978-85-16-09522-2

Reprodução proibida. Art. 184 do Código Penal e Lei 9.610, de 19 de fevereiro de 1998.
Todos os direitos reservados.

©Editora Moderna Ltda.
SANTILLANA ESPAÑOL
EDITORA MODERNA LTDA.
Rua Padre Adelino, 758 – Belenzinho
São Paulo – SP – Brasil – CEP 03303-904
www.santillana.com.br
2023
Impresso no Brasil